अधूरी मोहब्बतुँ की पूरी दास्ताँ

A BOOK OF 50 HEARTBREAK POEMS

प्रियांशु रंजन

ISBN 979-888530722-2

क्रम-सूची

1. शहीद कैप्टन विक्रम बत्रा — 1

2. सायर का दिल — 3

3. मोहब्बत एक इबादत है — 4

4. If U R Mine — 6

5. लिपस्टिक वाली लड़की — 7

6. इश्क होता क्यो है — 8

7. मोहब्बत क्या है — 9

8. महफिल नीलाम — 10

9. एक सायर — 11

10. आखों में नमी — 12

11. The Pain I Have — 13

12. मेरी पहली सच्ची मोहब्बत — 14

13. प्यार का चुनाव — 16

14. पैसा या प्यार — 18

15. The Lost Love — 20

16. अध्याय 16 — 22

17. उसकी खुदा से गुजारिश — 24

18. इश्क का माया — 25

19. मैं मेरा दिल और तुम — 26

20. O बेवफा — 27

21. आखिरी याद — 28

22. भारत देश — 29

23. गरीबी से जूझता भारत — 31

क्रम-सूची

24. उसका आना — 32

25. मैं फिर भी तुमको चाहूंगा — 34

26. कागज — 36

27. My First Meet With My Love — 38

28. Thank U All Doctor's — 40

29. एहसास दूरियों में बसा बस प्यार — 42

30. मौत(selfish Children) — 44

31. पहली मुलाकात.. Long Distance Relationship — 46

32. After Break Up What Everyone Feel — 48

33. ये देखो बिहारी है — 50

34. हमसफर — 52

35. कलयुग — 53

36. Love At First Sight — 55

37. प्यार में जिस्म जरूरी नही — 56

38. क्या वो कभी समझ पाएगी — 57

39. मेरी चाहत — 58

40. क्या लिखूं क्यों लिखूं और किसके लिए लिखूं — 59

41. My Breakup — 61

42. अध्याय 42 — 63

43. लड़की ने लड़के का पत्ता काट दिया — 64

44. अध्याय 44 — 65

45. अध्याय 45 — 66

46. अध्याय 46 — 67

क्रम-सूची

47. गुरूर   68

48. जितने को आसमान बाकी   69

49. भूल जाइएगा   70

50. मैं सायर हूं   71

51. अध्याय 51   72

1. शहीद कैप्टन विक्रम बत्रा

हिमाचल में जन्मा मां के आंचल में बड़ा हुआ
उसको लगता सब कुछ अपना था और देश का सिपाही
बनना बचपन से यही उसका सपना था
बड़ा हुआ बना सिपाही उसकी लड़ाई दुश्मनों से जारी थी वो
जानता था आज नही तो कल सहादत की उसकी ही बारी
थी हर सिपाही को तिरंगे का गुरूर होना चाहिए और वो
हमेशा कहा करता था जिंदगी लंबा नहीं मशहूर होना चाहिए
प्यार हुआ उसको भी क्या उसके इश्क की कहानी है
और प्यार होता क्या ये तुमको दिखानी है उसके प्यार में
अपना जीवन त्याग दिया डिंपल सच्चे इश्क की निशानी है
चार साल में चालीस दिन बस यही उनके इश्क का सुनहरा
शाम था और देश की रक्षा करना ही विक्रम का पहला काम
था दुश्मन भी जिससे थर थर कापती थी शेरशाह उसका
नाम था जब पाकिस्तानी सेना ने मचाया शोर तब विक्रम
ने भी नारा दिया ये दिल मांगे मोर उसने अपने बल पर
पूरा पाकिस्तान को रूला दिया जिसने भी भारत की तरफ
आंख उठाया उसे मौत की नींद सुला दिया
डटकर लड़ा मैदान में जीत का उसको आस था धर धर
धर गोलियां चली उसका दोस्त दुश्मन के पास था खुद कूद
मैदान में दोस्त का बचाया जान हस्ते हस्ते हस्ते शहीद हुए
बढ़ाया देश का मान

उसने कहा था कुछ हो न हो पर पूरे पाकिस्तान को हराकर आऊंगा युद्ध में तिरंगा लहराकर आऊंगा पाकिस्तान में भी भारत का छाप छोड़कर आऊंगा भारत मां के लिए मैं तिरंगा ओढ़कर आऊंगा ।।

2. सायर का दिल

एक सायर बुरे हालात से सीखना जानता है
एक सायर अपने कहानी को पन्नो पर लिखना जानता है
वो भी पागलो की तरह टूटा होता है
एक सायर से पूरा दुनिया रूठा होता है
सायर सायरी बोलते वक्त किसी के खयालों में खो नहीं
सकता
और कौन कहता है की सायर की जिंदगी आसान है और वो
रो नही सकता
पूछो कभी हाल उनका भी की कैसे तन्हाई दिल में लेकर
घूमते है
दूसरे की खुशियों में सबसे पहले सायर ही झूमते है
उनका मोहब्बत अक्सर अधूरा होता है है
और वो टूटे होते है शायद इसीलिए उनका सायरी पूरा होता
है।।

3. मोहब्बत एक इबादत है

हो कोई जो तुम्हारे लिए नींद त्यागे
हो कोई जो तुमसे बात करने के लिए पूरी रात जागे
अगर हो कोई जो तेरे पीछे नंगे पाओ भागे
हो कोई जो तुम्हारे लिए बस तुम्हारे लिए दुनिया का साथ छोड़ दे
और हो कोई जो तेरे कहने पर चांद तारो से रिश्ता तोड़ दे
हो कोई जो इतना चाहे की चाहत की सीमा न हो
प्यार का दीपक उसके दिल में जलता रहे उसका लौ धीमा न हो
कोई उसे समझाओ की उससे रोज बात करने की मेरी आदत है
और ये इश्क मोहब्बत सब इबादत है
मुझे अपने चंद दोस्तो की यारी चाहिए मुझे लड़की एक प्यारी चाहिए और चाहे हो थोड़ी गुस्सैल पर मुझे प्यार में ईमानदारी चाहिए
मोहब्बत में अक्सर लोग फालतू के बातो पर विश्वास करते है जो धोखा देता है उसी से ईमानदारी की आस करते है
टूटते तारे से इश्क मुकम्मल करने की सिफारिश करते है
जो खुद किसी की चाहत में टूटा है उससे दो दिल जोड़ने की गुजारिश करते है
और हो कोई जिससे दो मिनट बात करके दिल का बोझ कम हो जाए और हो कोई जिसके मिलने की खुशी में तुम सारे गम भूल जाओ और तुम्हारी आंख खुशी से नम हो

जाये ऐसा कोई जिंदगी में आए वो जीने का मतलब समझाए
हो कोई जो बेइंतहा प्यार जताएं।।

4. If u r mine

love u but I can't tell
Becouse My life is running as hell
I know we fight
But that's all right
I am broken and thrown
And u don't believe on my love so go and check
it is well known
Between us diffences are some
I want to be yours so just come
I think we together shine
Fight love or care everything with u is fine
Respect and care love define
And everyday lights up in my dark life if u r mine

.

5. लिपस्टिक वाली लड़की

प्यार में लड़कियां क्या क्या करवाती है
कभी आशिक तो कभी बेवफा बनाती है
कभी हाथ कटवाती है कभी पंखे से लटकवाती है
ये कभी मां बाप कभी दोस्तो से लड़वाती
ये इश्क है जनाब दो पल की खुशी के लिए हर पल मरवाती
है
ये लड़कियां कभी कभी देख के सरमाती है कभी कभी मन
ही मन मुस्कुराती है
पर जनाब दिल को तो वही लड़की भाती है
जो न काजल न लिपस्टिक लगाती है।।

6. इश्क होता क्यो है

प्यार के दरमिया ऐसा होता है क्या
दिल बच्चे की तरह रोता है क्या
रोते रोते कोई तकिया भीगता है क्या
कभी ऐसा होता है क्या
दिल भी कभी टूटता है क्या
किसी पर इतना विश्वास होता क्यो है
दिल बच्चे की तरह रोता क्यो है
प्यार सच्चा होता क्यो है
उसके याद अब सताती क्यों है
और उसके चले जाने के बाद भी उसकी याद आती क्यो है
दिल को बस वही भाती है
आखों को उसकी याद तरसाती है
रोता है उसका दिल पर चहरा मुस्कुराता क्यों है
कोई किसी से इतना प्यार करता क्यो है
और कल की आई लड़की के लिए कोई मरता क्यों है
किसी का बात किसी का चहरा आखों को भाता क्यो है
कोई किसी की याद में खोता क्यों है
और ये बताओ ये इश्क होता क्यो है।।

7. मोहब्बत क्या है

ये इश्क का फसाना कैसा है
तेरा मेरा दोस्ताना कैसा है
अरे आंखे मिली और प्यार हुआ ये दिल का झूठा बहाना
कैसा है
पूछो जरा उस आशिक से उसके दिल का हाल
जिसको मोहब्बत में मिला बस बेवफाई का आलम
उसने भी ये बात माना है मोहब्बत कुछ और नही है
बस पल दो पल का फसाना है
बस पल दो पल की खुशी और आशुओ का सैलाब है
जिसने भी किया मोहब्बत उसकी जिंदगी बर्बाद है
मोहब्बत करने वाले हर एक आशिक ने ये बात मानी है
मोहब्बत कुछ और नही है सपनो के किताब की एक झूठी
कहानी है।।

8. महफिल नीलाम

दिल के अश्क बाहर आते नहीं
तेरी आखों से आंखे मिलाते नही
और तू इतनी बेवफा है की
किसी महफिल में तेरा नाम बताते नही
तुझे सोच के सुबह से शाम कर दूंगा
तेरे इश्क में मैं खुदको बदनाम कर दूंगा
और जो पूछा इस भरी महफिल में किसी ने तेरा नाम तो
मैं इस भरी महफिल को भी नीलाम कर दूंगा।।

9. एक सायर

प्यार का साथ छूटा तो सायर बन गया
अपने सा साथ टूटा तो सायर बन गया
न जाने कैसे दो हिस्से में बटती है एक सायर की जिंदगी
कभी डिप्रेशन तो कभी रातों को रोकर कटती है एक सायर
की जिंदगी
तुम पढ़ते हो सायरी तुम्हे बस उसके बोल दिखते है
सायर सायरी में अपने कहानी लिखते है।।

10. आखों में नमी

तेरे साथ बात न करना ही अच्छा होगा
तेरे बाद जाने अब इश्क किस से सच्चा होगा
मोहब्बत की जब ये डोर टूट गई तब अब जो भी इश्क होगा
कच्चा होगा
तू साथ रहने का वादा करती थी फिर भी मुझे छोड़ गई
जरूर मुझमें कोई कमी होगी
तेरे चले जाने के बाद मै रात भर रोता रहा
तो जरूर तेरे आखों में भी नमी होगी।।

11. The Pain I have

I have alot of pain
It's running inside my vein
Tears came out as rain
I feel like orphan when people are making fun
So I just sit alone and preparing to shining like
a sun
Today everyone playing like a card
Due to this my life become so hard
Today I became a burden and
I know my death is realaxing and certain.

12. मेरी पहली सच्ची मोहब्बत

आज भी सातवी क्लास की वो बात याद है आज भी तुझसे जो हुई वो मुलाकात याद है तुमसे मुलाकात के बाद किस्मत भी मेरे साथ चलने लगा तुमसे मिलने के बाद मेरी जिंदगी से दुख का शाम ढलने लगा, तुमसे मिलने के बाद ऐसा लगा मानो दिन में चांद निकलने लगा और तेरा मेरा साथ देख कर वो खुदा भी जलने लगा और आखिरकार उसने तुम्हे मुझसे छीन लिया लगता है उस खुदा को भी तेरा कमी खलने लगा पहली नजर में हम उसके हो गए और जाने कहा उसके प्यार में खो गए उससे बात करने का चाहत दिल में बढ़ने लगा और देखते ही देखते इश्क परवान चढ़ने लगा शुरू में उसको देख सरमाते थे और कोई उसका नाम ले तो मन ही मन मुस्कुराते थे वो एक दिन स्कूल न आए तो उसकी कमी दिल को खलती थी और वो दूसरे से बात करे तो मेरी भी जलती थी लेकिन बाद में ये पता चला वो कहने को प्यार मुझसे बात हजारों से करती थी मेरे मन में तो सिर्फ वो ही थी पर वो तो हजारों पर मरती थी वो मेरी हर छोटी बात पर खफा होने लगी, मैं बस देखता रहा और वो बेवफा होने लगी मैंने उसकी रुसवाई देख के मैंने अपना रास्ता बांट लिया और उससे जुदाई का गम मैं सह न पाया मैंने अपना हाथ काट लिया उसकी याद में आशु बहाए उसके चाहत ने मेरा वजूद खो दिया और मेरी ऐसी हालत देख वो खुदा भी रो दिया आज के जमाने में एक

गया तो कोई दूसरा दिल के पास होता है पर उनको ये कौन समझाए की पहला प्यार हमेशा ख़ास होता है।।

13. प्यार का चुनाव

तू दूर हो जायेगी तो मिलेगा क्या
तू छोड़ जाएगी तो दिल में फुल खिलेगा क्या
मोहब्बत में तूने भी ठोकरे खाई है मोहब्बत के नाम पर
सिर्फ बेवफाई पाई है कभी सच्चे लड़के से दिल लगाना
तेरे लिए वो हद से गुजर जाएगा कितनी भी मुश्किल हो
तब भी प्यार जताएगा तुम भूल जायेगी उसको पर वो कभी
भूल न पाएगा तू ईमानदार रहेगी तब वो 1 महीना या चार
साल नही पूरे जिंदगी साथ निभाएगा
क्या भूल के ब्रेकअप तुम उससे दिल की बात बोल पाओगी
क्या अपने दिल के राज उसके सामने खोल पाओगी
जो तुमसे प्यार करे हर वक्त अपने मोहब्बत का इजहार
करे
क्या तुम ऐसे लड़के से मोहब्बत कर पाओगी या फिर किसी
धोखेबाज रईस से इश्क लड़ाओगी
पिछली झूठी मोहब्बत का अंजाम सच्चा हुआ
इश्क हुआ छोटी उमर में लेकिन कच्चा हुआ
और वो छोड़ गया तो रोना मत मेरी जान जो हुआ सब
अच्छा हुआ एक गलत निर्णय का भांडा इश्क पर मत फोर
जो हुआ उसे भूल जा उसे छोड़
इश्क में सबसे बड़ा पैसा नही होता
और भूल जा की तुझे फिर से धोखा मिलेगा मेरी जान हर
लड़का एक जैसा नही होता

तू उसे भूल के आगे बढ़ जाना इस बार सही लड़के से इश्क लड़ाना और वो थोड़ा चिढ़ाएगा तुमको हर छोटी बात पर हसाएगा तुमको तुमसे बात करने की जिसकी चाहत पूरी होगी और ऐसे लड़के से प्यार करना जिसके लिए तुम्हारी खुशी जरूरी होगी।।

14. पैसा या प्यार

उसने कहा साथ मेरे चल

रहना पास मेरे हर पल

तुझे चाहूंगा मैं आज हो या कल

ये सुन मैने उसको इजहार किया

खुदसे ज्यादा उसको प्यार किया

पैसे देख उसने मुझसे रिश्ता तोड़ दिया

साथ चलने का वादा कर बीच मुहाने छोड़ दिया

मोहब्बत का अंजाम ये कैसा था

आज जाकर पता चला प्यार से बड़ा पैसा था

प्यार नही ये पैसे का करार था

उसके लिए किसी का दिल बेकरार था

इश्क में धोखा खा के दिल के एक कोने में दरार था

और मोहब्बत तुमने भी किया और बदनाम ना हुए

तो पक्का ये एक दिखावटी प्यार था

अब क्या दास्तां सुनाऊं मैं अपने इश्क की तुमको

तुम भी पढ़ पढ़ के थक जाओगे

अच्छा एक बात बताओ वो तुमसे प्यार करती तो तुम

इजहार कर के क्या पाओगे

जब तुम गरीब होगे तब शरीर से आत्मा भी निकल जायेगी

और बेटे पैसा कमाओ तुम तब सपनो की रानी भी दौड़ी

चली आएगी।।

इसी लिए तो कहते है बाबू बड़ा ना भैया सबसे बड़ा रुपैया।।

उसने कहा साथ मेरे चल

रहना पास मेरे हर पल

तुझे चाहूंगा मैं आज हो या कल

ये सुन मैंने उसको इजहार किया

खुदसे ज्यादा उसको प्यार किया

पैसे देख उसने मुझसे रिश्ता तोड़ दिया

साथ चलने का वादा कर बीच मुहाने छोड़ दिया

मोहब्बत का अंजाम ये कैसा था

आज जाकर पता चला प्यार से बड़ा पैसा था

प्यार नही ये पैसे का करार था

उसके लिए किसी का दिल बेकरार था

इश्क में धोखा खा के दिल के एक कोने में दरार था

और मोहब्बत तुमने भी किया और बदनाम ना हुए

तो पक्का ये एक दिखावटी प्यार था

अब क्या दास्तां सुनाऊं मैं अपने इश्क की तुमको

तुम भी पढ़ पढ़ के थक जाओगे

अच्छा एक बात बताओ वो तुमसे प्यार करती तो तुम

इजहार कर के क्या पाओगे

जब तुम गरीब होगे तब शरीर से आत्मा भी निकल जायेगी

और बेटे पैसा कमाओ तुम तब सपनो की रानी भी दौड़ी

चली आएगी।।

इसी लिए तो कहते है बाबू बड़ा ना भैया सबसे बड़ा रुपैया।।

15. THE LOST LOVE

Love is miraculous feeling
When our love is away it's a jealousy dealing
How much pain we have her smile makes all our
pain healing
Love makes us cure, If love is pure
It will stay with you forever that's sure
Successful love is still a dream
The realation between two are like biscuits and
cream
If we don't get true love we just sit alone and
scream
When we fight then you are away
You take our fight to another height and part
your ways I am waiting for you where u left U
never came and fuck the rest I still say u r the
best
How my life get tossed, I want u at any cost In
life line is crossed and god my love is lost
How much we care, everything we share and
God part our ways I ain't aware separating a pair
oh god is it fair?
You never forget me I bet a person better than
me u never get you love me yet and close your

eyes touch your heart and we met.
Love is never lost it present inside the heart.

अध्याय16

Love is miraculous feeling
When our love is away it's a jealousy dealing
How much pain we have her smile makes all our pain healing
Love makes us cure, If love is pure
It will stay with you forever that's sure
Successful love is still a dream
The realation between two are like biscuits and cream
If we don't get true love we just sit alone and scream
When we fight then you are away
You take our fight to another height and part your ways I am waiting for you where u left U never came and fuck the rest I still say u r the best
How my life get tossed, I want u at any cost In life line is crossed and god my love is lost
How much we care, everything we share and God part our ways I ain't aware separating a pair oh god is it fair?
You never forget me I bet a person better than me u never get you love me yet and close your

eyes touch your heart and we met.
Love is never lost it present inside the heart.

17. उसकी खुदा से गुजारिश

उसके अलावा दिल को कोई भाता नहीं है

उसके अलावा खयालों में कोई आता नही है

उसके अलावा सांसों में भी कोई समाता नही है

उनका याद अब रुलाता नहीं है

और सपनो में भी उनका चहरा अब भुलाता नहीं है

प्यार हो तो हजारों अच्छाई है

प्यार हो तो लाखो सच्चाई है

प्यार है तो जिंदगी दर्पण है

प्यार का मतलब ही समर्पण है

कोई आइना हो जो खुद से मुझको मिला सके

मैं देखू खुद को और तेरी याद दिला सके

आज भी उसकी कमी दिल में खलती है

और उससे दूर जाना मेरी सबसे बड़ी गलती है

जब हम न होंगे तब सिर्फ हमारी यादें होंगी

मोहब्बत के शहर में ख्यालों की फरयादे होगी

जब भी हमारा इश्क का पन्ना खुलेगा तब तुम्हारी भी यही सिफारिश होगी

काश ये मेरे साथ होता ये बोलते हुए तुम्हारे भी आखों से आशुओ की बारिश होगी।।

"

18. इश्क का माया

मैने पेड़ो को चलते देखा है
इंसानों को जलते देखा है
और कौन कहता है आसमान पिघलता नही है
मैने चांद की याद में सूरज को भी ढलते देखा है
इश्क में कोई दीवाना कह जाता है
इश्क में कोई परवाना रह जाता है
इश्क में दिल चैन पता कहा है
उसका खयाल दिल से जाता कहा है
तुम इश्क को जिस्म से जोड़ते हो
दिल भरने के बाद रिश्ता तोड़ते हो
प्यार एक माया जाल है
आज कल दस लड़कियों को पटाना ही कमाल है
और दस लड़किया पटा के अपने मर्दानगी पे खुश मत होना
क्युकी कल तेरी बहन भी किसी की माल है
जब भी बात होती थी हम लड़ाई करते थे
लोग मेरे मुंह पर उसकी बुराई करते थे
वो सोचते थे की उनके बोलने से मैं खफा हो जाऊंगा
उसके सामने जाकर यूं गुमनाम हो जाता हूं मै
उसे रास्ते पर पाकर अंजान हो जाता हूं मैं
उसका हो गया हु हर बार ये ही सपना आता है
और फिर सपने में भी परेशान हो जाता हूं मैं।।

19. मैं मेरा दिल और तुम

तुमसे रोज बात करना जरूरी तो नहीं

तुमसे मोहब्बत का इजहार करना जरूरी तो नहीं

तुम पास रहा करो ना मेरे यू मोहब्बत में इंतजार करना
जरूरी तो नहीं

अब तुमसे दूर जाना है

तेरे ख्यालों को भी भूल जाना है

और तुझे दूसरे की बाहों में देखने से पहले

आंखे बंद कर के तेरी याद में पंखे से झूल जाना है

तेरे दिल में जाने कितने खोट है

मेरे दिल में इस बात का चोट है

तेरे जाने के बाद आज भी मैं वही ईमानदार बच्चा हूं

जा तू कर ले दूसरी शादी मैं अकेला ही अच्छा हूं

मोहब्बत में मुलाकाते नही होती

दूर हो जाते है वो जिनकी बाते नही होती

उनके बिना तो राते नही होती

हर बेटी बाप की शहजादी होती है

उसको थोड़ी बंदिश थोड़ी आजादी होती है

लड़की खराब होने से घर की बरबादी होती है

आज प्यार है तो कल रोना पड़ेगा

तुम लड़की पटा के खुश मत हो उसे खोना पड़ेगा

आज के जमाने में प्यार साबित करने के लिए बिस्तर पर
सोना पड़ेगा

इश्क मुकमल करने के लिए मां बाप को राजी होना पड़ेगा।।

20. O बेवफा

इन दीवारों को भी तेरा नाम याद आया है
जब जब इस दिल ने तुझे बुलाया है
इन वादियों में एक लड़का गुमनाम बैठा है
जनाब लगता है मोहब्बत फिर शर्मशार हुई है
आज फिर किसी बेवफा ने किसी प्यार करने वाले का दिल
दुखाया है।।
जिंदगी जीना है तेरे संग
हर दुख तेरे साथ बाटना है
बहुत देख लिया मोहब्बत का खेल
अब जिंदगी तेरे साथ काटना है
तू जिंदगी के कुछ हिस्से बांट ले
थोड़ा वक्त मेरे साथ भी काट ले
हो गलती मेरी कभी छोड़ के मत जा मुझे डांट ले
मैं हर दिन तेरा फिक्र करता हूं
मोहब्बत का नाम आते तेरा ही जिक्र करता हू
धोखा खाने के बाद हर इंसान टूट जाता है
उससे उसका किस्मत भी रूठ जाता है
मोहब्बत में कैसे गैरो पर विश्वास करना पड़ता है
उसकी आदत हो गई है अब छोड़ ना दे इसीलिए पल पल
डरना पड़ता है
और मोहब्बत कर के ज्यादा खुश मत होना
यहां हर पल किसी की याद में मरना पड़ता है।।

21. आखिरी याद

उसके अलावा दिल को कोई भाता नहीं है

उसके अलावा खयालों में कोई आता नही है

उसके अलावा सांसों में भी कोई समाता नही है

उनका याद अब रुलाता नहीं है

और सपनो में भी उनका चहरा अब भुलाता नहीं है

प्यार हो तो हजारों अच्छाई है

प्यार हो तो लाखो सच्चाई है

प्यार है तो जिंदगी दर्पण है

प्यार का मतलब ही समर्पण है

कोई आइना हो जो खुद से मुझको मिला सके

मैं देखू खुद को और तेरी याद दिला सके

आज भी उसकी कमी दिल में खलती है

और उससे दूर जाना मेरी सबसे बड़ी गलती है

जब हम न होंगे तब सिर्फ हमारी यादें होंगी

मोहब्बत के शहर में ख्यालों की फरयादे होगी

जब भी हमारा इश्क का पन्ना खुलेगा तब तुम्हारी भी यही सिफारिश होगी

काश ये मेरे साथ होता ये बोलते हुए तुम्हारे भी आखों से आशुओ की बारिश होगी।।

22. भारत देश

न जाने कितने जाने चली गई

कितने वीरो ने गोली खाई थी

न जाने कितने घर के दीपक बुझ गए

और तुम्हे लगता है आजादी मुफ्त में आई थी

न जाने कितना भ्रष्टाचार हुआ

न जाने कितनी लड़ाईयां हुई

भारत में अत्याचार हुआ और भारत की बुराइयां हुई

गांधी ने शांति का पाठ पढ़ाया

चंद्रशेखर ने आत्म सम्मान बचाया और

भगत सिंह ने दुश्मनों को था मार गिराया

कहानियां सुनी होगी तुमने क़िस्से में

देश आजाद हुआ बंट गया दो हिस्से में

जो देश सालो से अपना था जब जुदा हुआ तब

उसे जोड़ना सरदार पटेल का भी सपना था

जन्म लिया है इस देश में औरों के गुण गाए क्यूं

और भारत हमारी माता है भारत मां की जय बोलने में सरमाए क्यूं

न सिर कभी झुकने देंगे न कदम कभी रुकने देंगे

दुश्मनों को कभी न टिकने देंगे भारत की हस्ती कभी ना मिटने देंगे

आज देश मे तिरंगा लहराएगा

आज कोई सिपाही तिरंगे में लिपट कर घर जायेगा

आज किसी के घर में खुशी मानेगी

आज किसी के घर में मातम छाएगा
आज छुट्टी लेकर सब घर जायेगा
सीमा पर आज फिर कोई जवान मर जायेगा।।

23. गरीबी से जूझता भारत

गांव से रिश्ता छूट रहा
गुरुकुल का प्रथा भी टूट रहा
विद्या के नाम पे लूट रहा
पढ़ाई को जमीन में गाड़ दिया और
पढ़ाई के नाम पे लंबा चौड़ा बिल फार दिया
चलो मिलके करे पढ़ाई
भारत को दे एक नई ऊंचाई
ऐसे भारत का निर्माण करे
जहा न कोई अनपढ़ हो न कोई भूख से मरे
यहां पिता धन संचित कर बच्चे को पढ़ाता है
और सरकारी योजना से एक गरीब वंचित रह जाता है
यहां अमीर अपना खजाना भरता है
यहां हर रोज गरीब भूख से मरता है
ऐसा है नेताओ का हाल
देश को कर दिया बेहाल
यहां पैसा कमाने का न कोई जरीया है
और यहां पकौड़ा तलना ही बढ़िया है
यहां बच्चा होने पर भी सरकार पैसा देता है
और यहां बेटे को वंश और बेटियों को कंश मान लेता है
यहां बराबर का हिस्सा मिलता नही है
प्रेम का फूल अब मन में खिलता नही है
यहां गरीबों का न कोई नाम है न कोई बस्ती है
ये भारत है जनाब यहां सिर्फ अमीरों की हस्ती है।।

24. उसका आना

उसके आने से शाम भी सवेरा सा लगता है

उसके जाने से दिन भी अंधेरा सा लगता है

उसको खो चुका हु फिर भी आज भी वो मेरा सा लगता है

प्यार यही तो है कोई गैर अपना सा लगता है

पर जब दूर होता है तो उससे मिलना सपना सा लगता है

दिल को शाम और सुबह काम रहता है

दिल में सिखायते तमाम रहता है सारी दुखे एक तरफ

उसे सोच के दिल को आराम रहता है

प्यार में दुख आम रहता है

प्यार में खुशियां तमाम रहता है

पर प्यार एक तरफा हो तो साहेब जिंदगी हराम रहता है

मैं जानता नहीं मोहब्बत के लब्ज़ को

मैं पहचानता नही इंसान के नब्ज को

मैं बस इश्क की पहचान तेरी मोहब्बत से करता हु

मैं आज भी तुझे खोने से डरता हूं

और तू भूल जाए इश्क मेरा पर आज भी मैं तुमपे मारता हूं

खुदा ऐसी खुदाई न दे

उसके अलावा आखों को कोई दिखाई न दे

उससे जुदा हो जाऊ जब तब भी मुस्कुराऊ की सिसकियो की आवाज भी सुनाई न दे

बड़ी कुरूर होती है शायर की जिंदगी

दर्द से चूर होती है शायर की जिंदगी

मोहब्बत से दूर होती है शायर की जिंदगी
और शायरी सुनाते वक्त रो भी नही सकते
यार कितनी मजबूर होती है शायर की जिंदगी।।

25. मैं फिर भी तुमको चाहूंगा

तेरे साथ सफर गुजर जाएगा

तुझे देख के नशा भी उतर जायेगा

तुझे पाकर इंसान सुधर जायेगा

तुझे खोकर आसमान भी उजर जायेगा

तेरे कदमों से तेरी आहट जान लेते है

तुझे देखे बिना ही तुझे पहचान लेते है

हकीकत में न सही पर सपनो में तुझे अपना मान लेते है

उनका दिल टूट गया जब मैं दूसरे से रिश्ता जोड़ आया था

वो तब भी चुप थे जब मैं उनका दिल तोड़ आया था

वो एक लम्हा जी न पाया मेरे बिन वो जमाना छोड़ आया था

मैं प्यार के हर राग में मैं प्यार में दिए हर त्याग में

मैं तेरे मित्र में मैं दुनिया के चरित्र में

मैं दिन में मैं रात में

मैं अमावस की बरसात में

मैं चांद में मैं तारो में

तेरे दिल के सितारों में

एक भी लम्हा तुझसे जुदा मैं रह नही पाऊंगा

जिंदगी की खुशियों से मौत की कयामत तक मैं तेरा साथ निभाऊंगा

मैं फिर भी तुमको चाहूंगा मैं फिर भी तुमको चाहूंगा

उससे दूर होके आज कल न जाने कहा खोया रहता हूं

आज कल बिना नींद के ही सोया रहता हूं
और जब भी सायरी लिखता हूं यार क्या बताऊं
हर एक लब्ज़ पे मैं रोया रहता हूं।।

26. कागज

कागज के पन्ने हर दर्द दिखाते है
कागज के पन्ने तन्हाई बताते है
कागज के पन्ने प्यार सिखाते है
कागज के पन्ने ही आगे बढ़ने का रास्ता दिखाते है
इन कागज के पन्नो में प्यार का बरसात होता है
इन कागज के पन्नो में हाहाकार होता है
इन कागज के पन्नो में आराम होता है
और इन कागज के पन्नो में देश में मचा कोहराम होता है
ये कागज का पन्ना आम होता है
पर ये ही कागज का पन्ना देश का अभिमान होता है
कागज के पन्ने पर लिखा देश का संविधान होता है
ये ही कागज के पन्ने का देश में सम्मान होता है
इस कागज के पन्ने ने जिंदगी को मोड़ रखा है
इस कागज के पन्ने ने हर दर्द का तोड़ रखा है
और इस कागज के पन्ने ने अच्छे अच्छे आशिको को जोड़
रखा है
ये कागज का पन्ना मेरा कल जनता है
ये कागज का पन्ना प्यार का हर पल जनता है
इन कागजों में पहले प्यार भरा जाता था
कबूतर इसे लेकर फुर्र से उर जाता था
पहले दूर से प्यार किया जाता था
बिना पूछे न छुआ जाता था
वो दिन बहुत अनमोल थे

कल के इश्क ही सच्चे थे कागज सबको यही बताता था।।

27. My first meet with my love

When we meet we first greet
I remember when I meet you
your face is shining like a pearl
Sooner you beacome my world
And when I saw u my heart say yes she is your
girl
I want a talk during a midnight walk
I want hand in hand in a desert full of sand
Where you and me facing the sun
we are alone and having alot of fun
With passing of each day and night
I want you to be in my sight
I love you yes what u hear was absulutely right
I will protect you from every danger
You are no longer a stranger
Every thing will be fine
Our realtaionship gonna shine
With the passing of the time
And I want you to be just mine
In any tough situation We never be apart
You are queen of my heart
People are clever they try to separate

But we never open our heart's gate
We gonna be together weather it's early or late
so my love just wait

28. Thank u all doctor's

जब हर जगह मौत से हाहाकार मचा था

लोगो के बीच चीख पुकार मचा था

उन मुश्किल समय में लोगों की रक्षा की

खुद का परिवार त्याग कर देश की सुरक्षा की

जब जिंदगी की आस खतम थी तब लोगो को जीने का राग दिया

और देश के लोगो के लिए इन्होंने अपना प्राण भी त्याग दिया

जाने कितने दर्द झेले थे परिवार में भी गमों के मेले थे

लोगो की गुजारिश थी सर जान बचा लो मेरा सबकी यही सिफारिश थी

जब लोगो की दुआ बेअसर हुई तब उसने दवाई खिलाई थी

और जब रब ने भी साथ छोड़ दिया तब उस डॉक्टर ने जान बचाई थी

मेरा न बेटा था वो न ही भाई था फिर भी हर एक रिश्ता उसने निभाया था

वो डॉक्टर के रूप में फरिश्ता था जिसने मेरा प्राण बचाया था

जहा हर दुआ मर जाती है वहा डॉक्टर की दवाई काम आती है

वो फरिश्ता मौत को भी हरा देता मरीज को ठीक करने के लिए जान भी लुटा देता है और जब ठीक हो जाते है लोग

उनसे तो सौ साल जियो बेटा दिल बस यही दुआ देता है।।

29. एहसास दूरियों में बसा बस प्यार

दूरियो से प्यार का एहसास होता है
नजदीकिया भी बहुत खास होता है
आंखों से आंखे मिलने से ही प्यार होता है और
प्यार वो भी करते है जिनका सालो बाद मुलाकात होता है
सालो से उससे मिलने की चाहत में सुबह से रात होता है
जब आते है पास तो ढेर सारा बात होता है
उनसे मिलने की खुशी भी होती है
पर गम से चहरा उतर जाता है
क्युकी उनके लौट जाने का भी एहसास होता है
दूर होते है वो फिर भी हर रोज प्यार होता है
आंखो में डाल के आखें रोज इश्क का इजहार होता है
और उससे दुबारा मिलने के लिए फिर सालो तक इंतजार
होता है
और बाबू सोना से इश्क नही होता
दूरियों से ही प्यार बेशुमार होता है
आंखों में हर वक्त उसका चहरा होता है
उसके साथ दिल का रिश्ता गहरा होता है
और प्यार मुकम्मल हो जाए इसलिए उसपे आखों का पहरा
होता है
उसके साथ हर शाम सुहाना होता है
उसके साथ हर पल मस्ताना होता है
चहरे से कुछ नही होता है जनाब

प्यार में तो दिल दीवाना होता है।।

30. मौत(selfish children)

मौत से पहले मुझे तोड़ दिया
बाहर गए और मुझे अकेला छोड़ दिया
मौत से पहले दुख दर्द दिए
मरने के बाद रोए
क्या तुमने अच्छे कर्म किए
हर वक्त रहा बेहाल
मौत से पहले पूछा नहीं हाल
अरे तुमने ही तो बुना ये मौत का जाल
कैसा वो दिन आया था
खुदा ने एक हीरे को अपने घर बुलाया था
छोड़ छाड़ के मोह माया
उसने अपने शरीर से आत्मा त्यागा था
कैसे दुख दिखाते है
12 दिन के बाद सब भूल जाते है
जिसके चरण छूते थे कभी
क्या मरने के बाद उसके फोटो के सामने सिर झुकाते है
मरने के बाद पैसा सबको बांटो
और जिंदा रहे तो तुम बिल्कुल न झांको
बुला रहे है सबको पर सब नजरंदाज करते है
और आज कल इंसान नही लोग पैसे पे मरते है
चाहे कर लो कितने अच्छे कर्म मौत के बाद
तुम बच नही पाओगे

तुमने दिए थे जो दर्द वो कैसे छुपाओगे
और ईश्वर सब देखता है बेटा
तुमने जो बोया है
तुम भी तो वही पाओगे।।

31. पहली मुलाकात.. Long distance relationship

तेरे बारे में हर बात बता देंगे

तू जब भी रोएगी तुझे हसा देंगे

तू साथ देगी अगर तो प्यार सच्चा भी होता है

ये दुनिया को बता देंगे

यूं जो तुझसे मुलाकात हो गई

अनजाने में जो तुझसे बात हो गई

सुबह ढल के रात हो गई

सोया नही मैं कई रातों से

तेरे इश्क की ऐसी बरसात हो गई

तुझसे मिलने के लिए ये दिल बेकरार है

हर लम्हा में अब तेरा इंतजार है

तुझसे मिलने के बाद दिल सदियों से बीमार है

जब भी कोई खोवाब टूटता है

जब भी कोई अपना रूठता है

जब भी दिल घबराता है बस

तेरा चहरा याद आता है

दिल तुझे कितना चाहता है

ये बस ये दिल जनता है

तुझे ये दिल अब अपना मानता है

यादों का सफर बस चलता रहता है

तू किसी और की हो न जाए ये डर पल पल खलता रहता
है
और दूसरे से साथ तुझे देख के ये दिल पल पल जलता
रहता है।।

32. After break up what everyone feel

You leave me alone
There no one has to come
My life is full of cyclone
I cried with tear and pain
You can't listen to my heart and brain
Time passed away
How your presence be healed
I can't find a way
Everything looks like a bad dream
And every moment slows down like
Butter and cream
we broke up that's what u tell
After that u smile and went as well
How I smile ,with whom I talk ,I got depressed
and my life beacome hell
Smile came on my faces when someone takes
your name and I just memorise u as my wife in
photo frame
Every girl whom I find
I don't want a girl of your kind
When we break up I am not fine
U said u love me alot then after break up

How u still shine how u moveon and be fine
Someone said "true love never finds a destany"
u don't guide
I know this love is true from my side
If love is true whole universe will try to keep us together
In every bad weather.....II

33. ये देखो बिहारी है

हम बिहारी है
हमारी आवाज अलग है
हम अलग है
हमारी हर बात अलग है
हमारे संस्कार अलग है
हर रीति रिवाज अलग है
हम बिहारी है
हमारी बात अलग है।।
आप हमे एक दाग मानते हो पर हम हर जगह गर्दा उड़ाते है
जहा सब थक हार कर बैठ जाते है वहा हम बिहारी बिन चिंगारी के आग लगाते है।।
नालंदा ने शान बढ़ाया बुद्ध ने ज्ञान का अंबार लगाया
और सीतामढ़ी ने सीता की जन्म भूमि होने का है गौरव पाया।।
तुम्हे अतिथि बोझ लगते है हमने अतिथि को भी देवता माना है
तुम hot pant में घूमते हो
हमने घूंघट कर के संस्कार बचाया है
हमने दुनिया को सिखाया है
बड़े बड़े साइंटिस्ट को राह दिखाया है
जब दुनिया गिनती भूल गई थी
तब हमने ही उनको गिनती सिखाया है

और 0 का आविस्कार करवाया है।।
कितना परमान दे तुम्हे अब तुम रहने दो
लोग लाज इज्जत की बात तुम मत करो अब हमे कुछ
कहने दो,
हम बिहारियो का दिल बहुत साफ है
चलो तुम बोलते रहो तुम्हारी सारी गलती माफ है।।
हमारी ये बात मानती है दुनिया सारी है
की एक बिहारी सब पर भारी है
इसीलिए गर्व से कहो हम बिहारी है।।

34. हमसफर

जिंदगी में किसी को चाहा है कभी
जिसको चाहा है उसको पाया है कभी
जिसको पाया है उसके साथ वक्त बिताया है कभी
जिसके साथ वक्त बिताया है उसके साथ मुस्कुराया है कभी
जिसके साथ मुस्कुराया है उसके साथ जिंदगी बिताया है
कभी
और जो हर पल साथ दे ऐसा हमसफर पाया है कभी
जब भी तुम अपना बाल खोल के आती हो
जब भी तुम देख के मुस्कुराती हो
जब भी तुम प्यार से मुझे बुलाती हो
हर पल मेरे तकलीफ में साथ निभाती हो
मेरे साथ मुस्कुराती हो मेरे साथ हर गम भूल जाती हो
जब जब तुम आती हो जिंदगी में प्यार की अहमियत
समझाती हो
दुनिया से तू जाने क्यों ये बात छिपाती हो
तू सिंगल है आज भी लोगो को यही बताती हो
फिर लोग पूछे किसका मैसेज है
तो मुंह मोड़ चली जाती हो मैसेज पढ़ के मन ही मन
मुस्कुराती हो
मेरे दोस्त भाभी बुलाए तो सरमाती हो
अच्छा एक बात बताओ ये हुनर तुम कहा से लाती हो।।

35. कलयुग

क्या लिखूं क्यों लिखूं और किसके लिए लिखूं
मैं अच्छा दिखूं अरे क्यो दिखूं और किसके लिए अच्छा दिखूं
यहां लोगो के दिल में नफरत पर चहरे पर मुस्कान है
यहां दिल में कोई और जुबान पर किसी और का नाम है
मेरे अलावा कोई दूसरा सफल न हो सबके दिल में यही भावना है
दिल में खुशी और चहरे पर संतावना है
दिन रात मैं मैं मैं ये आज के लोग हम का वसूल भूल गए है
इसीलिए आज कल के रिश्ते पंखे पर झूल गए है
दूसरो को मुश्किल में देख आज के लोग नजर चुराते है
और जब खुद पर मुसीबत आती है तब मैं अकेला हूं यही चिल्लाते है
दो पल की खुशी दूसरे से बांट के देखो दुख के बादल को छांट के देखो और किसी गरीब के घर में रात काट के देखो
आज कल लोगो के पास स्टेटस पैसा और रूप है
और न जाने इंसानी चहरे के कितने स्वरूप है
घर ऑफिस रिश्ते सारे जगह घमंड का अंधेरा छाया है
खुदको साबित करके औरों से बड़ा जाने किसने क्या पाया है मैं
अब क्या बोलूं आज के लोग बेटियो को बेटे जैसा पालते है
और वही कुछ लोग दूसरे की बीवी बच्चो पर गंदी नजर डालते है

एक रावण मारा गया अभी भी लोगो के अंदर का रावण
जिंदा है
और आज के लोगो का हाल देखकर इंसान की इंसानियत
भी शर्मिंदा है।।

36. Love at first sight

When I saw your eyes
It sparkle like the star in the sky
Your long beautiful hair
Making my single life a pair
My heart's starts beating
When u starts talking
Your voice is so sweet
Like Arjit Singh's music beat
When u hold my hand
I am on a new land
We love and fight
Like cat and mice
My Love is so pure
On that I am 100% sure
Love adds meaning to life
When u come in my life as wife
I love the way u look
U r queen of my beautiful book.

37. प्यार में जिस्म जरूरी नही

मैं तुमसे दूर हूं न सायद ये सही है
क्युकी तेरे दिल में मेरे लिए जगह बिलकुल नही है
मैं तुम्हारे दिल के पास आऊ कैसे
तू मेरी आदत है ये तुझे समझाऊं कैसे
थोड़ा शरमाता हू मै अब तुम ही बताओ इश्क जताऊ कैसे
प्यार में जिस्म जरूरी नही ये तुम्हे बताऊं कैसे
मैं अभी भी तेरे इश्क के बुखार में तपता हूं
सुबह शाम बस तेरा ही नाम जपता हूं
एक समय था तू मुझे दूसरे के साथ देख के जलती थी
मुझे बस इतना बता दे मुझे छोड़ दिया मेरी क्या गलती थी
एक वक्त तू मेरा हाथ थाम कर चलता था
मेरा दुख देख कर तेरा दिल भी पिघलता था
तुझसे दूर होकर रोने के बाद तेरे फोटो से प्यार जताता हूं
वो मेरा पहला इश्क है लोगो को यही बताता हु
तेरे साथ एक कदम चलने को भी मैं तरस जाता हूं
तुम एक दिन दूर रहकर भूल जाती हो
मुझे अपनी यादों में तरपा कर तुम क्या पाती हो
हकीकत में न सही सपने में ही तुम याद आया करो
और प्यार किया है तो साथ निभाया करो
अपने दिल को मैं ही तेरा प्यार हूं ये बात समझाया करो
और ये जो तुम हजारों से बात कर लेती हो हस हंसकर यार
तुम एक सायर की मोहब्बत हो थोड़ा तो सरमाया करो।।

38. क्या वो कभी समझ पाएगी

क्या कभी वो मुझे समझ पाएगी

क्या कभी वो मेरे साथ मुस्कुराएगी

क्या कभी वो अपने दिल के राज बताएगी

क्या कभी वो मेरे आशु पोछ पाएगी

क्या कभी अपने हाथो से मेरे बाल सहलाएगी

क्या कभी वो मेरी हो पाएगी

क्या कभी वो अपनी गोद में सुलाएगी

क्या कभी वो मेरे दिल की आवाज सुन पाएगी

क्या कभी वो मेरी हो पाएगी

क्या वो कभी पहली मुलाकात भूल पाएगी मेरे बातो पर

हस्ती थी क्या आज वो फिर से खुशी मानेगी

क्या मैं उसका हूं ऐसा दुनिया को बताएगी

क्या वो मुझे देख के सरमायेगी

या फिर आज मुझे देख नजरे चुराएगी

मेरा उससे break up हो गया है क्या दुनिया को ये बताएगी

हम दोनो की बाते आखिर दुनिया कैसे समझ पाएगी

क्या वो कभी बैठ के हमारे बीच की दूरियां मिटा पाएगी

क्या वो कभी मेरी हो पाएगी

बस अब इस जिंदगी में तेरा साथ छोड़ता हूं

किया था जो साथ रहने का वादा वो भी तोड़ता हूं

और मत आना लौट के ऐ मोहब्बत मेरे दिल के दरवाजे पे

मैं तेरे आगे हाथ जोड़ता हूं।।

39. मेरी चाहत

इस कदर तुझे चाहते है

तुमको अपना जान मानते है

तू मेरी हो नही सकती ये बात भी जानते है

फिर भी हर दुआ में तुझे ही मांगते है

तेरे प्यार में सब कुछ लुटा बैठे है

तुझे अपने दिल में छुपा बैठे है

और तू कहती है किया क्या है तेरी खुशी के लिए

देख हम तेरे लिए दुनिया से जुदा बैठे है

तेरी यादों में रातों की नींदे भी उड़ा बैठे है

और तुझे पाने के लिए तेरे दोस्तो से रिश्ता बना बैठे है

तेरे लिए मैंने हवाओ का रुख मोड़ दिया

तूने मुझे बीच मचधार में छोड़ दिया

तू चली गई छोड़ के मुझे और तेरे प्यार ने मुझे अंदर ही अंदर तोड़ दिया

लेके टूटा दिल दर दर भटकता हूं

कोई तो आयेगी ये सोच के आगे बढ़ता हूं

कोई हो जो मुझे जाने

कोई तो आए अनजाने

कोई तो हो जो मेरे प्यार को पहचाने

और वो मुझसे प्यार करे बिना मेरा अतीत जाने

उसकी रुशवाई की उसे ये सजा मिले

उसे भी बेइंतहां मोहब्बत हो किसी से

और उसे भी मोहब्बत में बेवफाई का मजा मिले।।

40. क्या लिखूं क्यों लिखूं और किसके लिए लिखूं

मैं अच्छा दिखूं अरे क्यो दिखूं और किसके लिए अच्छा दिखूं

यहां लोगो के दिल में नफरत पर चहरे पर मुस्कान है

यहां दिल में कोई और जुबान पर किसी और का नाम है

मेरे अलावा कोई दूसरा सफल न हो सबके दिल में यही भावना है

दिल में खुशी और चहरे पर संतावना है

दिन रात मैं मैं मैं ये आज के लोग हम का वसूल भूल गए है

इसीलिए आज कल के रिश्ते पंखे पर झूल गए है

दूसरो को मुश्किल में देख आज के लोग नजर चुराते है

और जब खुद पर मुसीबत आती है तब मैं अकेला हूं यही चिल्लाते है

दो पल की खुशी दूसरे से बांट के देखो दुख के बादल को छांट के देखो और किसी गरीब के घर में रात काट के देखो

आज कल लोगो के पास स्टेटस पैसा और रूप है

और न जाने इंसानी चहरे के कितने स्वरूप है

घर ऑफिस रिश्ते सारे जगह घमंड का अंधेरा छाया है

खुदको साबित करके औरों से बड़ा जाने किसने क्या पाया है

मैं अब क्या बोलूं आज के लोग बेटियो को बेटे जैसा पालते है

और वही कुछ लोग दूसरे की बीवी बच्चो पर गंदी नजर
डालते है
एक रावण मारा गया अभी भी लोगो के अंदर का रावण
जिंदा है
और आज के लोगो का हाल देख कर इंसान की इंसानियत
भी शर्मिंदा है।।

41. My Breakup

You leave me alone there noone who has come
my life is full of cyclone
I cried with tear and pain you didn't listen to my
heart and brain
Time is running away and how your absence be
healed I can't find a way
Today everything looks like a bad dream
Weather it's your anger or care but our love is
supreme
U said I am parting my ways it's like sun stops
it's rays
I am breaking up Priyanshu be happy u deserve
someone better that's what u tell
I cried and become depressed how do u think
after parting my ways with u I am well
U went away but I still want to talk
But u didn't care u just block
Smile came on my face when someone takes
your name and I just cried when I see your
picture in a frame
U said u love me but after break up I badly
broke down and I am not fine but despite
breakup how u still shine

But today I realise one thing honey
True love never finds a destiny but what I beleive
If our love is true whole world try to keep us
together in every bad weather.

अध्याय42

दिल में मंजिल पाने की आस रखो
भीड़ नहीं बस दो चार को खास रखो
दिल में जलता रहे हर वक्त वो मशाल रखो
अरे चाहे दूर हो जाए मोहब्बत पर अपने सपने को हमेशा
दिल के पास रखो।।

43. लड़की ने लड़के का पत्ता काट दिया

मोहब्बत में मजहब की दूरी थी

और मां बाप के लिए जुदाई भी जरुरी थी

प्यार में जाने ये कैसी मजबूरी थी

उससे जुदा होकर मैं रह न सका

और उससे प्यार कितना है ये भी कह न सका

जाने क्यों लोगो ने प्यार को मजहब के नाम पर बांट दिया।देखो पापा नहीं मानेंगे ये बोलकर आज फिर एक लड़की ने एक लड़के का पत्ता काट दिया।।

अध्याय44

मैने प्यार में लोगो को क्या क्या करते देखा है
मैने प्यार में शक्त आदमी को भी पिघलते देखा है
मैने प्यार को बच्चे की तरह पलते देखा है
मैने प्यार की कमी लोगो के दिल में खलते देखा है
प्यार में तो मैने पेड़ो को भी चलते देखा है
और कौन कहता है इंसान किसी की चाहत में डूबते है
मैने चांद की चाहत में सूरज को भी ढलते देखा है।।

अध्याय45

माना तेरे दिल में चांद का नूर है
तू पूरी दुनिया में मशहूर है
हम तो हसीनाओं को नजर उठाके भी नही देखते
तो फिर न जाने क्यों तुझे अपनी खूबसूरती पर इतना गुरूर
है।।

अध्याय46

उसकी याद उफ्फ क्या सामत लाती है
उसकी बाते नई कयामत लाती है
जब आखें बंद होती है दिल ही दिल में उससे सामना होता
है
और फिर कभी मोहब्बत के बाजार में लौट न आए भगवान
से यही कामना होता है।।

47. गुरूर

माना तेरे चहरे में चांद सा नूर है
माना तू पूरी दुनिया में मशहूर है
हम तो नजर उठा के हसीनाओं को देखते भी नही
तो न जाने क्यों तुझे अपनी खूबसूरती पर इतना गुरूर है

48. जितने को आसमान बाकी

मुझमें अभी जान बाकी है
तेरा होने का अरमान बाकी है
जीत चुका हूं दिल उनका इतने में खुश क्यों हो जाऊ
अभी तो जीतने को आसमान बाकी है।।

49. भूल जाइएगा

हमसे हो जाए इश्क तो बताइएगा
साथ चलने का कसम खाइये तो निभाएगा
हम तो पहले से ही टूट के बिखरे है
अगर हमें आकार सवार सके तो ही इश्क फरमाइए गा
अन्यथा दूसरे की चाहत में लीन होकर हमे भूल जाइएगा।।

50. मैं सायर हूं

लिखने को मैं ये फरयाद लिख दूंगा
तू मैं और हमारी याद लिख दूंगा
मैं मोहब्बत का हर लम्हा इतना खास लिख दूंगा
यार मैं सायर हूं कागज कलम तो दे मैं अपने इश्क का
इतिहास लिख दूंगा।।

अध्याय 51

हसीन लम्हे तो सिर्फ मोहब्बत में होते है
एक तरफा प्यार में तो लोग बस रोते है